2.

AF332196

PROCÈS-VERBAUX

ET

RÉFLEXIONS

A l'occasion de la Section de la Simphyse.

ANALYSE

DE TROIS

PROCÈS-VERBAUX

FAITS à l'occasion de l'Opération de la Simphyse sur la femme VESPRES.

AVEC

DES RÉFLEXIONS

SUR ces Procès-verbaux & sur cette Opération.

PUBLIÉE

PAR M. SIGAULT, Docteur-Régent de la Faculté de Médecine de Paris, Associé de l'Académie des Sciences & Belles-Lettres de Dijon, Médecin-Accoucheur, Pensionné du Roi, &c.

A PARIS,

De l'Imprimerie de QUILLAU, Imprimeur de la Faculté de Médecine de Paris, rue du Fouarre.

*Rapport de MM. les Commiſſaires de
la Faculté de Médecine de Paris.*

Nous avons lu avec attention l'Analyſe des
trois Procès-verbaux faits à l'occaſion de l'O-
pération de la Simphiſe ſur la femme Veſpres,
& les Réflexions de M. Sigault ; Nous les avons
trouvées conformes à la vérité. A Paris, ce 13
Décembre 1778.

GRANDCLAS, DESCEMET.

ANALYSE

DE

TROISPROCÈS-VERBAUX,

Concernant l'Opération de la Simphyse faite à Paris par M. Sigault, Médecin de la Faculté, &c. sur la Dame Vespres & rédigés, les deux premiers, par MM. Des-Essartz Doyen, Granclas, Descemet, Thouret, Médecins que M. Sigault a invités à cette Opération ; & par MM. Coutuli & Lauverjat, Chirurgiens que la famille y a appellés ; le troisième, par MM. de l'Epine, Des-Essartz Doyen, Descemet, Salin, Goubelli, Alphonse Leroi, Thouret, Médecins ; & MM. Lassus, Dubertran, Peirhile, Coutuli, Default, Pelletan, l'Héritier, Bodin, Trainel, Lauverjaï, Chirurgiens (1) ;

Et Réflexions de M. Sigault sur ces Procès-verbaux & sur cette Opération.

« L E Bassin a paru très-difforme, la partie la-
» térale droite étant plus évasée que la gauche

Premier
deuxième
Procès - ve
baux.

______

(1) M. Levret & plusieurs autres qui avoient été convoqués n'ont pu s'y trouver.

A

» dont la cavité étoit refferrée par la rentrée
» d'une des branches du Pubis. Le Diamêtre
» antérieur a été eftimé n'avoir que deux pouces
» & demi. L'opération pratiquée, l'extraction
» de l'Enfant a été faite par les pieds. La tête
» retenue quelque-tems au détroit fupérieur, a
» éprouvé des difficultés pour fortir. Son grand
» Diamêtre étoit de quatre pouces une ligne ;
» le petit, de trois pouces fept lignes. L'Enfant
» a vêcu plus d'une demi-heure & a été ondoyé.
» La Section a préfenté un pouce & demi d'écar-
» tement fpontané entre les os Pubis. La dame
» Vefpres aiant été méfurée s'eft trouvée n'a-
» voir que trente pouces de hauteur (1). Ses
» membres avoient été déformés par le Rachitis.
» Elle n'a jamais marché qu'avec des béquilles (2).

---

(1) Une petite fille de trois ans, de taille ordinaire, comparée à cette femme, avoit un pouce de plus de hauteur.

Son Enfant ayant été mefuré, on a reconnu qu'il avoit vingt pouces de haut ; fa tête offroit beaucoup de confiftance & de folidité ; ces circonftances avoient été omifes dans le Procès-verbal ci-deffus.

(2) Je n'ai vu cette femme, pour la première fois, qu'au cinquième mois de fa groffeffe, qu'elle même me fit appeller. Cette note eft pour répondre à l'imputation calomnieufe de ceux qui ont méchamment répandu dans le Public, qu'ayant été confulté avant fon mariage, j'avois affuré que je l'accoucherois fans danger pour elle & pour l'enfant

Ouverture du cadavre.

» A la première infpeƈtion les bords de la Troifiè Procès - v bal.
» plaie étoient écartés l'un de l'autre d'un pouce
» jufte : cette plaie étoit ovale ; fon grand Dia-
» mêtre étoit de deux pouces.

» Dans la profondeur de la plaie, la dif-
» tance des os pubis féparés étoit d'un pouce ; l'os
» Pubis droit étoit plus faillant , & le gauche
» étoit comme retiré en arriere , fuite de l'obli-
» quité caufée par la mauvaife configuration de
» tout le Baffin.

» La plaie inférieuremement étoit livide &
» blafarde. Sa partie fupérieure avoit confervé
» fa couleur naturelle.

» La partie de la veffie qui fe préfentoit
» par l'ouverture fupérieure de la plaie , étoit
» blanche & ridée dans fon milieu fans léfion
» à l'extérieur.

» Avant de faire l'ouverture de l'Abdomen ,
» les parties ont été raprochées au moyen d'une
» fangle portée fur toute la circonférence du
» Baffin , & arrêtée fur l'endroit de la Seƈtion
» même.

---

qui pourroit en naître. Il eft bon d'obferver que cette femme a fait une fommation à l'Eglife & à fa famille, pour
obtenir la permiffion de fe marier, qu'on lui avoit refufée
avec raifon vû fa grande difformité.

A ij

» Le cadavre ayant été retourné, la four-
» chette a été vue déchirée : ce déchirement
» étoit prolongé superficiellement jusqu'à trois
» lignes de la marge de l'anus : l'intérieur de
» la fourchette étoit vraiment gangrené de la
» profondeur d'un pouce, le reſte étant d'un
» livide brun. La grande lèvre du côté gauche
» étoit d'un rouge vif, tandis que la lèvre droite
» étoit noire en totalité.

» Le bas ventre étant ouvert, le colon a paru
» très-diſtendu & l'épiploon fort mince, ſans
» veſtige de graiſſe ni d'inflammation ; les inteſ-
» tins grêles, peu diſtendus ; tous les autres
» viſceres dans l'état ordinaire ; la partie poſté-
» rieure du péritoine dans l'étendue des trois
» dernieres vertebres lombaires, & ſuivant la
» deſcente du rectum, de couleur livide.

» La matrice portoit dans ſa partie la plus
» large, quatre pouces trois lignes, ayant face
» antérieure & poſtérieure, de couleur blan-
» che ; le bord latéral gauche externe de ſon
» fond, un peu phlogoſé ; la face poſtérieure à
» ſa partie latérale droite & ganche, verdâtre ;
» les ovaires, dans l'état naturel ; les ligamens
» larges, les trompes verdâtres, d'un rouge
» brun du côté droit.

» Un foyer de pus, gris-foncé, régnoit dans
» tout le tiſſu cellulaire voiſin de la foſſe iliaque

» gauche (on en fuivra ci - après l'étendue.)

» La partie gauche & la moitié fupérieure du
» fond de la veffie étoient altérées & verdâ-
» tres, du côté du foyer dont nous venons de
» parler; le col de la veffie, le méat urinaire
» & la veffie elle-même ont été démontrés in-
» tacts par le fuccès complet de l'infufflation.

» Le corps de la matrice étoit très-fain ; la
» membrane interne, molle, fe déchirant aifé-
» ment, couverte d'un enduit fanguinolent,
» fpécialement à l'endroit de l'adhérence du
» placenta. Dans la partie latérale gauche &
» inférieure, on a obfervé une deftruction évi-
» dente de fa fubftance, & qui, pourfuivie, def-
» cendoit jufqu'au col de la matrice : l'introduc-
» tion du ftilet a démontré une communication
» avec le foyer ci-deffus, lequel s'étendoit fu-
» périeurement jufqu'au haut du rein.

» Du côté droit de la matrice, le long du
» mufcle pfoas, une échymofe defcendoit juf-
» qu'à la foffe iliaque : le vagin étoit gangrené,
» de couleur noire, & plus en putréfaction que
» toute autre partie; de manière cependant que
» la portion antérieure étoit moins affectée que
» la poftérieure.

» L'intervale réel de la fymphyfe au facrum,
» ou diamêtre antéro-poftérieur du détroit fupé-
» rieur, le cadavre n'étant point difféqué, étoit

» d'un pouce dix lignes , & les parties molles
» enlevées, d'un pouce, onze lignes & demie.

» Les parties étant à nud, le diamètre tranf-
» verfal avoit quatre pouces quatre lignes. La
» cavité cotyloïde gauche formoit en - dedans
» du baffin une faillie qui ne laiffoit d'intervale
» entre elle & la partie moyenne du facrum ,
» qu'un pouce ; la corde tirée de cette pro-
» tubérance à l'extrémité du diamètre tranf-
» verfe du côté oppofé, n'étoit que de trois pou-
» ces fept lignes.

» La fymphife poftérieure droite étoit recou-
» verte de fon périofte intact , détaché feule-
» ment de la furface de l'os dans une longueur
» d'environ fept lignes : les deux os étoient dé-
» funis dans leur partie antérieure, de la profon-
» deur d'environ une ligne. La fymphife pofté-
» rieure gauche étoit un peu mobile ; le pé-
» riofte entier & point détaché.

» L'angle des pubis à la partie inférieure s'eft
» trouvé avoir quatre - vingt - quatre degrés ; il
» y avoit deux pouces fept lignes de diftance
» entre les deux tubérofités des os ifchium , les
» pubis étant rapprochés.

» La diftance de la fymphife facro-coccygien-
» ne à la fymphife du pubis étoit de trois pouces
» neuf lignes.

» Enfin, à un pouce & demi d'écartement des

» os pubis, on a eu, depuis la partie antérieure
» & moyenne de la bafe du facrum jufqu'au pu-
» bis gauche, un pouce onze lignes. »

RÉFLEXIONS.

Cette nouvelle épreuve de la Section de la Simphyfe fur un fujet auffi difgracié de la Nature dans fa conformation, devient de la plus grande importance pour les progrès de l'art & les intérêts de cette Opération nouvelle, par la nature des réfultats qu'elle a préfentés.

L'ouverture du cadavre a fait connoître les véritables dimenfions du baffin ; & il eft demeuré conftant que la tête de l'enfant, volumineufe & en même-tems très-peu compreffible, a paffé à travers un baffin de moins de deux pouces de diamètre (1), & d'ailleurs horriblement déformé, fans avoir occafionné aucun déchirement (2) aux fimphyfes poftérieures,

---

(1) Le diamètre antérieur du baffin, dans l'état naturel, a quatre pouces un quart, quatre pouces & demi d'étendue; & le diamètre tranverfe, depuis cinq pouces un quart jufqu'à cinq pouces & demi.

(2) Quelques perfonnes mal-intentionnées ont néanmoins ofé répandre publiquement que les fymphyfes poftérieures avoient été déchirées, & que les os du baffin avoient été défarticulés. Cette affertion, dictée par la mauvaife foi, eft dé-

A iv

fans préfenter les plus légers indices de contu-
fion fur le crâne , & fans que l'on ait employé ,
pour extraire l'enfant, des efforts aucunement
comparables à ceux qu'exercent très-fréquem-
ment les Accoucheurs, en tirant l'enfant foit
par les pieds , foit au moyen du forceps.

L'enfant a vécu pendant plus d'une demi-
heure , & a été ondoyé.

J'obferve en paffant que les dimenfions du
baffin ont été prifes pendant le cours du travail,
avec beaucoup de précaution, par deux Chirurgiens - Accoucheurs, l'un defquels a inventé un
Pelvimètre : ils décidèrent que le diamètre
antéro - poftérieur avoit deux pouces & demi
(tel étoit celui de la Dame Souchot) ; J'avois
annoncé deux pouces. La femme étoit en travail, dans l'angoiffe de l'attente de l'opération :
nous ne jugeâmes pas à - propos de la fatiguer
par de nouvelles recherches ; nous aimâmes

---

montrée fauffe par le Procès-verbal , dans lequel il eft dit,
que les fymphyfes étoient intactes, & mobiles feulement,
ainfi qu'on les obferve toujours dans les cadavres des fem-
mes mortes en couches. Tous les Anatomiftes célèbres ne
l'ignorent pas ; & MM. Defcemet & Default, dont les lu-
mières en ce genre font connues, en firent la remarque lors
de l'ouverture du cadavre de la dame Vefpres.

mieux figner ce que nous croyons n'être pas bien exaĉt.

Nous avons annoncé tous également la rentrée de la branche gauche du pubis ; mais chacun de nous s'étant fervi de la main droite, pour reconnoître les dimenfions de l'intérieur du baffin, l'étranglement de la cavité gauche s'eft dérobé, en grande partie, à nos recherches.

Cette circonftance qui a nui, jufqu'à un certain point, au fuccès de l'Opération, doit réveiller l'attention des Accoucheurs fur l'extrême importance de la recherche des moyens propres à apprécier, d'une manière plus exaĉte, qu'on ne l'a fait jufqu'à préfent, les vices de conformation du baffin. L'infuffifance de l'Art fur cet objet ne peut être révoquée en doute dans un certain nombre de cas. Quelques perfonnes zélées, defirant ajouter à fa perfeĉtion, fe font déjà occupées, avec des fuccès bien différens, de la conftruĉtion d'un *Pelvimètre* (1). Il faut efpèrer que ces premiers efforts, encore ftériles, fe perfeĉtionneront par la fuite ; mais il eft plus à defirer que la main feule de l'Accou-

---

(1) Les différens compas de proportion qui ont été imaginés pour fervir de *Pelvimètre*, font très-ingénieux ; celui de M. Trainel, particulièrement, préfente le double avantage de mefurer le grand & le petit diamètre du détroit fupérieur.

cheur puiſſe ſuffire dans cet examen ; le juge-
ment qu'il portera alors ſera néceſſairement
plus certain.

Cet événement fournit encore matière à deux
obſervations eſſentielles. Il n'exiſte, ſans doute,
aucun exemple d'un ſujet plus difforme & plus
petit dans ſa ſtature. Un accouchement pareil
offre donc une occaſion très - rare , & dès - lors
très-précieuſe , d'obſerver quels ſont , dans de
ſemblables ſujets , les effets naturels de la groſ-
feſſe , ſoit pour la mère , ſoit pour l'enfant.

L'ouverture du cadavre a fait connoître à quel
état de gêne & de ſouffrance avoient été réduits,
pendant le cours de la groſſeſſe , tous les organes
du bas - ventre qui ſervent à la génération , par
la preſſion qu'avoit exercée ſur eux & ſur les
nerfs qui s'y diſtribuent , un enfant volumineux,
incarceré avec effort dans un eſpace auſſi étroit ;
leur tiſſu avoit été affoibli , meurtri ; la vie
étoit conſidérablement diminuée , & , pour
ainſi dire , éteinte dans ces parties : delà l'en-
gorgement général obſervé dans la région hypo-
gaſtrique , accompagné d'un dépôt conſidérable
au côté gauche , & une diſpoſition prochaine à
la gangrène.

C'eſt à cette diſpoſition morbifique, antérieure à l'accouchement , qu'on doit rapporter le
déſordre général qui a été obſervé dans les voies

utérines ; une gangrène auffi rapide , auffi étendue dans toutes ces parties , ne peut avoir été la
fuite d'un autre caufe.

Les vrais Sçavans , les perfonnes impartiales ,
n'attribueront jamais ces accidens aux efforts
qui ont été employés pour extraire l'enfant. Ils
n'ignorent pas que fouvent , dans les accouchemens laborieux & contre nature , on a mis en
ufage , fans nuire à la mère , des manœuvres in-
comparablement plus longues & plus violentes
que celles qui ont été employées pour la femme
Vefpres.

Les accouchemens de la Dame Souchot , le
quatrième principalement (1) , en font des
preuves bien frappantes. Dans ce dernier , huit
perfonnes fortes & robuftes employèrent tour-
à-tour des bras vigoureux , s'épuisèrent de
fatigue , & furent toutes mifes hors d'haleine :
la tête de l'enfant fut allongée , enfoncée &
difloquée en paffant par la filière. Cet enfant
perdit la vie dans ces manœuvres terribles ,
& l'accouchement dura trois quarts-d'heure &

-----

(1) On peut en voir le détail dans mon premier Mémoire
publié par la Faculté de Médecine de Paris , lors de l'opération que j'ai pratiquée fur cette Dame au mois d'Octobre
1777.

plus ; cependant il n'en eſt réſulté aucun acci‑
dent fâcheux pour la mère.

Chez la dame Veſpres , la difficulté étoit in‑
finiment moins grande , au moyen de la Sec‑
tion ; j'ai extrait l'enfant vivant ; & l'Accou‑
chement , que j'ai terminé ſeul , n'a duré que
quelques minutes.

De pareils exemples de comparaiſon ne ſont
point inconnus aux Accoucheurs ; j'en pour‑
rois rapporter beaucoup d'autres qu'il eſt inu‑
tile de citer ici.

Contenu dans la même cavité & ſoumis à
l'impreſſion des mêmes efforts dont lui ſeul
étoit la cauſe , l'Enfant de la dame Veſpres a
dû participer , ſur les derniers tems de la groſ‑
feſſe , aux altérations des organes qui le ren‑
fermoient.

Dans le cours des manœuvres employées
pour l'extraire , je me ſuis ſcrupuleuſement
abſtenu d'exercer aucune violence ſur le col :
les efforts ont tous porté ſur l'occiput & la
mâchoire inférieure ſeulement. Je les ai faits avec
ſang-froid , avec modération , la tête étant bien
dirigée , & en y apportant tous les ménage‑
mens néceſſaires pour en rendre l'extraction
exempte de tout danger.

Cependant l'uſage journalier du forceps dans

les Accouchemens laborieux, démontre invin=
ciblement jufqu'à quel point on peut fe per-
mettre d'exercer des efforts fur la tête d'un Enfant; l'obfervation fuivante en offre furtout un
exemple frappant.

Madame * *, époufe d'un Entrepreneur de
Bâtimens près S. Laurent, étoit en travail depuis deux jours; la tête de l'enfant, defcendue
dans le petit baffin, bien conformé, préfentoit
un *vice de pofition* qui conftituoit un *faux encla-
vement*; elle étoit d'ailleurs très - volumineufe.
N'ayant pu venir à bout de rectifier, avec les
mains, *le vice de pofition*, j'ai été obligé d'avoir
recours au forceps; les efforts qu'il m'a fallu
employer, ont été incroyables, & je défef-
pérois de terminer cet accouchement.

Excédé de fatigue, je me fuis fait fuppléer
pour reprendre haleine; mais la perfonne qui
me remplaçoit, quoique forte & vigoureufe,
perdit auffi courage. Dès-lors je tentai de nou-
veaux efforts, à l'aide defquels je parvins enfin
à extraire un enfant qui fe porte bien. La mère
n'a éprouvé aucun accident pendant fes couches:
elle s'eft levée tous les jours (1).

---

(1) J'ai terminé, il y a peu de jours, cet accouchement, le
plus laborieux que j'aie rencontré pendant feize années de
pratique : la tête de l'enfant avoit quatorze pouces de circonférence.

N'eſt-ce donc pas à l'état d'affoibliſſement &
de ſouffrance dont les organes de la mère étoient
frappés, & que l'enfant devoit néceſſairement
partager au plus haut degré ſur les derniers tems
de la groſſeſſe, que l'on doit attribuer les ſuites
de l'accouchement de la Dame Veſpres? Quoi-
qu'on parvienne ſouvent à ranimer des enfans plus
affoiblis par le travail, & donnant des ſignes de
vie moins marqués que l'enfant de cette Dame,
on n'a pu, quelques précautions qu'on ait employées, réuſſir à lui conſerver une vie trop
foible, & déjà preſque éteinte par les altérations
reçues dans le ſein de ſa mère.

Tel eſt ainſi l'idée préciſe qu'on doit ſe for-
mer de cet accouchement : une malheureuſe
mère auſſi énormement difforme porte dans ſon
ſein un enfant des deux tiers de ſon volume. La
matrice ne peut ſe développer que par une dif-
tenſion incroyable des tegumens qui ſe prolon-
geoient en pointe : elle eſt néceſſairement bleſſée
par la mauvaiſe diſpoſition de la partie gauche
du baſſin ; la Dame Veſpres y reſſentoit des
douleurs avant l'acouchement, & c'eſt-là qu'on
a trouvé le dépôt mortel (1).... L'enfant forte-

(1) Cette femme eſt morte au cinquième jour de ſes couches. Je donnerai dans mon Ouvrage le journal de ce qui
s'eſt paſſé depuis l'Opération juſqu'à cette époque. Mes Réflexions en recevront un nouveau degré de ſolidité.

ment ſerré de toutes parts, végétoit à peine dans le ſein de ſa mère. Je penſe qu'on ne peut guères le préſumer autrement; & j'oſe aſſurer que vû ces conſidérations, que je crois être ſages & impartiales, tout autre ſuccès, quelque opération qu'on eût faite, eût été au ‑ deſſus de l'art. Cet événement, au reſte, prouve juſqu'à quel point peuvent s'étendre les avantages de la Section de la Symphiſe, puiſque, par cette opération, j'ai extrait un enfant très ‑ volumineux & vivant d'un baſſin très ‑ étroit & trèsvitié.

Qu'il me ſoit permis d'obſerver que, ſi je n'avois conſulté que mon intérêt particulier, je n'aurois point pratiqué la Section de la Symphyſe ſur un ſujet auſſi monſtrueuſement conformé, & dans des circonſtances ſi critiques; mais je n'ai eu en vue que le bien de l'humanité.

La Médecine a cet inconvénient, qu'une nouvelle découverte dans cette ſcience, en donnant de la célébrité à ſon Auteur, multiplie ſous ſes pas les occaſions les plus délicates, & les plus difficiles. Depuis un an que j'ai fait uſage de ma découverte pour l'accouchement de la dame Souchot, j'en ai terminé avec ſuccès un grand nombre de très-laborieux & contre nature.

F I N.

www.ingramcontent.com/pod-product-compliance
Lightning Source LLC
LaVergne TN
LVHW020416060726
842525LV00006B/2092